W0326594

Singulières et plurielles

Du même auteur

Poésie

La Criée d'aube, Amay, L'arbre à paroles, 1995.

Réédition de *Pénétrance* (Prix Charles Plisnier), *Petite fugue pour funambules* et *Haute enfance* (Grand Prix de poésie pour la jeunesse – ministère de l'Éducation nationale, de la Jeunesse et des Sports, Maison de Poésie, Paris).

Le For intérieur, Chaillé-sous-les-Ormeaux, Le Dé bleu, 1996, Prix Max-Pol-Fouchet de Poésie (réédition, 1999).

Chant de feu, Ayeneux, Trétas Lyre, 1996 ; illustrations d'Anne Leloup.

Trois suites sans gravité, Mortemart, Éditions Rougerie, 1999, Prix de la ville du Touquet.

Palettes, Nivelles, Esperluète Éditions, 1999 ; images de Alain Winance.

Enfance portative, Nivelles, Esperluète Éditions, 2000 ; illustrations de Anne-Catherine Van Santen.

Essai

Suzanne Lilar, Bruxelles, Éditions Labor, 1992, collection « Un livre, une œuvre ».

Les ombres et les jours, Bruxelles, Alice Éditions, 1999, collection « Noms de Dieux ».

Célébration de Noël, Paris, Desclée de Brouwer, 2000.

Célébration de la mère, en collaboration avec Éliane Gondinet-Wallstein, Paris, Albin Michel, 2000, collection « Célébrations ».

Théâtre

Tous locataires, avec Françoise Lison-Leroy, Carnières, Éditions Lansman, 2002.

Voir aussi les ouvrages parus dans la même collection (p. 73).

Colette Nys-Mazure

Singulières et plurielles

« Littérature ouverte »

DESCLÉE DE BROUWER

© Desclée de Brouwer, 2002
76 *bis*, rue des Saints-Pères, 75007 Paris
www.descleedebrouwer.com

ISBN 2-220-05207-9

A Françoise, Michèle
et tant de sœurs en écriture

Introduction

Édité en 1992 et réédité par La Bartavelle, cet ensemble poétique épuisé reparaît accompagné de photos. Pourquoi une femme parle-t-elle des femmes ? Peut-être parce que souvent ce sont des hommes qui ont écrit *sur* les femmes, en leur lieu et place. Vieille affaire ! objectera-t-on, ne vous trompez-vous pas d'époque ? Aujourd'hui, après la vague de fond féministe, les femmes n'auraient plus rien à revendiquer.

C'est bien vite dit. Si l'on s'en tient au seul monde des Lettres (sans toucher à la sphère politique ou à l'Église), il suffit de consulter les tables des matières des anthologies ou le programme d'un colloque, la composition d'un conseil de rédaction, pour observer combien elles sont réduites à la portion congrue.

J'en parle à l'aise puisque, mise à part la brève époque où j'étais un « garçon manqué », préférant les jeux de mes cousins aux poupées de mes cousines, je me suis toujours réjouie d'être née femme. Tant à la maison qu'à l'école, j'ai été entourée de personnalités féminines attachantes. Les lectures m'ont ouvert très tôt un monde peuplé d'écrivaines et d'héroïnes.

Sans doute ai-je été influencée par Maman, veuve à trente ans avec trois petits enfants, qui s'interrogeait sur son avenir. Elle m'a communiqué une résolution inébranlable « Je ferai des études et je travaillerai ». L'exigence de l'autonomie.

Sans que jamais se taise le chant de Marie-Noël, j'ai été impressionnée par Simone de Beauvoir, Nathalie Sarraute, Marguerite Yourcenar, intellectuelles rigoureuses et sensibles, écrivaines voyageuses, l'œil lucide toujours aux aguets. Dans le cadre d'une recherche de doctorat, les années 70 à 80 ont été marquées par une boulimie de romans dits « féminins », alors qu'ils étaient simplement écrits par des femmes. J'y observais comment s'y déclinaient la mort, l'amitié, la relation mère-fille, quelle place y tenait le repas.

Ensuite sans désemparer une dizaine d'années de théâtre avec des femmes *(Tous locataires)*, une enquête autour des cheminotes pour la SNCF *(Battements d'elles)* : autant des démarches qui ont entretenu sympathie et vigilance.

J'ai métissé mes lectures et nuancé la perspective. Est-il plus difficile aujourd'hui d'être un homme qu'une femme ? Les changements de modèles sociaux et culturels ne le rendent-ils pas plus fragile ? La prise de liberté de sa compagne le remet en question, en jeu et en je. La maternité confère une force, une adhérence au réel qu'il ne peut concurrencer alors que, sur bien d'autres terrains, il la perçoit comme une rivale.

Je n'entrerai pas dans ce vaste débat. Simplement j'ai envie de tracer une suite de portraits en mouvement, d'instantanés. De saisir par les rues de ce temps, des femmes successives et simultanées. Silhouettes furtives ou avérées. Entraperçues, une seule et mémorable fois, ou fréquentées assidûment. Les routinières et les originales, les libres et les entravées selon l'heure et les circonstances. Des lumineuses par intermittences, des timides dans la pénombre. Alertes ou douloureuses. A bout de souffle puis animées d'un regain. Les nourricières et les perpétuelles affamées, mères et filles, solitaires. Les silencieuses. Et toutes ces étrangères, innommées, fascinantes. D'ici, d'ailleurs, d'enfance d'abord. Familières et surprenantes, contradictoires, énigmatiques.

Elles m'apparaissent singulières, uniques et irréductibles. Provoquant l'émoi, l'effroi, le désir parfois de les retenir, de les annexer. Plurielles, innombrables, passées, à venir.

Toujours des femmes à aimer en deçà et par delà les ombres et les clartés, en accords, en désaccords, dans l'élan ; en alliages, en alliances. Poèmes. Littérature ouverte.

LA CUISINE DU POÈTE

Dans la cuisine nocturne, sous le néon cru et bourdonnant, tu ne verras rien qu'une femme à l'écriture. Elle a repoussé une assiette, trois verres, les reliefs d'un repas et rafraîchi la place de son cahier.

Au-dehors il se peut que le vent tournoie et terrifie, que des paquets de pluie se plaquent au béton aveuglé ; sans doute la neige mûrit-elle sous le froid, les étoiles deviennent-elles piquantes ; à moins que l'immonde ténèbre n'enserre l'univers dans sa poigne acérée.

Elle penche la tête comme ceux qui souffrent ou réfléchissent mais, sous le crayon courant entre les lignes, tu pourrais, tapi derrière elle, surprendre l'écume des vagues, quelque visage caressé, un arbre que l'été foudroie, le récit de ta propre peur. Avec ses mots agiles elle saisit la vie à la gorge pour lui faire rendre âme et images, la sorcière.

Ce n'est qu'une femme occupée à tailler une large tranche de poésie dans le pain tout chaud des jours.

SINGULIÈRES ET PLURIELLES

Fixer, figer, garder, conserver… que sait-elle de cet ancrage, la nomade, la festive ? Elle ne collectionne rien. Boit l'eau des sources dans la paume. Sans regret lorsque les musiciens rangent leurs instruments, elle emporte la vibrante clarté du poème qu'on se chante à l'intime de soi, livre refermé. Elle ne tente pas de river ses petits dans l'enfance. Elle risque l'éphémère : l'autre venu vers elle ; ne cherchera pas à le faire sien ; lui sait gré de suspendre sa course à ses côtés puis s'ébroue. C'est au tréfonds qu'elle engrange les soleils.

F I D È L E

Elle est de ce qui croit, persiste et tient. Elle s'obstine à brûler sous la neige, à s'enraciner au désert. Quant tous se taisent, elle muse encore. A l'aigu de la fatigue, paupières papillonnantes, elle vacille mais demeure debout. Elle repeint les meubles de jardin, recoud boutons et ourlets, pique dans ses cheveux un peigne d'aïeule. Fait ricocher l'amitié, recueille les mots d'enfants et les cris d'adieu. Arpenteuse chargée du poids léger de l'amour sans borne ni condition. Ils peuvent sourire, les oublieux qui baissent le front sous le feu des rosaces ; s'ils durent, c'est un peu parce qu'elle veille.

C'est une fille de haute liesse, à prendre la vie en proue, hisser les heures à vive allure, une femme libre de son essor. Elle rit vrai à la face du jour et son haleine a la fraîcheur des pointes d'herbe quand frémit l'aube. On tenterait de la retenir. La marge d'une étreinte, d'une page partagée, d'un morceau de pain rompu. Elle déjà plus loin que le tournant de l'été. On cherche son propre chemin dans le sillage fulgurant.

MATINALE

Elle marque son territoire aux parages du matin ; d'oiseaux précoces, elle balise la ténèbre. Entre les flaques de ciel cerné d'obscur, elle devine un jour à naître et s'y destine ; regard planté dans l'échancrure. On la croirait sœur des chouettes – les chevêches, les hulottes – mais elle guette l'alouette et devance de peu son tracé ivre. Lorsque celle-ci tarde à poindre, elle patiente et jalonne son espoir de blancs poèmes.

EXILÉE

Escale en un lieu qui n'est pas le sien ; elle mange le pain de l'autre. Tout l'interroge ici : le balbutiement de la lumière sur la tapisserie, les frôlements inconnus contre la cloison, l'écho interprété de leur existence. Se croirait sur une autre planète, n'était le cérémonial du petit déjeuner : gestes ronds, sans aplomb, très caressants ; une façon tendre d'ensoleiller bols et confitures, de faire mousser le lait, d'assouplir l'angle d'un jour austère en beurrant une tartine. Bonjour à peine débarbouillé. Une radio signale le monde battant contre les flancs de la nacelle. On l'aborde en secouant la nappe par la fenêtre.

ATTENTIVE

Elle face au jardin d'après-pluie. Chaque pétale luit. Les parfums relèvent le nez. Les insectes reprennent leurs rondes effrénées. On perçoit la jouissance de la terre pénétrée d'eau. Ne bouge pas. Dans son dos, la maison – ordre et fatras –, la routine amoindrissante. Ne pas broncher. Tout l'être aux aguets : entre les couleurs de l'arc-en-ciel tendu sur le pré, quelque chose glisse qu'elle ne peut définir. Un instant suspendu. Le soleil plaque un accord sur la verdure, sur son visage à découvert. L'attente tient en haleine. Flamme pétrifiée, la touffe de capucines dans le vase en verre. Qui entre à cet instant et s'assoit au plus proche ? Tu es là. Le silence habille de feuilles.

Au soleil, elle se donne sans pudeur ni vergogne. Se délace, s'évase, s'ébrase, se fend. Crépitements sur la peau miroitante. Lèvres désunies, toisons mouillées. Éclats des lances perçant profond. Volupté minérale. Sa couleur l'unira au sable, au rocher, pain brûlé, mica. Grain de la terre.

ALANGUIE

C'est une femme lente, indolente sous le ciel, le bleu, l'ardeur du bleu. Un fruit de saveur ; pulpe soleilleuse. Une bouche mûre, cheveux d'herbe à faucher. Bras et jambes dans un feu de joie hâlée, fusante. Une femme abeille, de sucs alourdie. A lézarder sans fin dans le jour délirant. Une chair à étreindre. Languide, elle se dérobe.

Une femme en marche. Un souffle l'amorce et la voici allante entre les haies, les hommes, les dieux. Regards dans son sillage. Des mains. Voudraient la retenir, la séduire, l'arrimer. Elle en flèche. Échappée, irritante. Ne veut plus se prêter ni leurrer ; donner prise aux ruses, aux démesures. Intrépide, elle court plus loin que ce lopin perclus. Pulvérise l'attente. Grand soleil des eaux.

IMMÉDIATE

Elle vit. Se dit au présent. Regarde. Les bougies de marronniers s'ébouriffent après l'averse ; d'un brusque envol une corneille secoue des paquets d'eau. Un rai de soleil déclencherait l'arc-en-ciel. Entre papiers et casseroles, respirer dans l'urgence de cette verdeur. Voudrait qu'à l'instant des paumes recueillent son visage, y boivent aveuglément. Les nuages se verrouillent sur l'éclaircie. Elle va, farouche, par la maison mouillée.

Elle sous le feuillage incendié, l'averse solaire. Marbrée. Ocellée. Ondoiement des taches vives comme autant de brûlures. Entre cils voit chavirer les arbres au centre de la prairie en fusion. Or pur des étés livrés à eux-mêmes. L'air est un chaudron d'insectes en rut ; on voit roussir les pointes d'herbe, les graminées fluctuantes. On pourrait toucher, avant la déchirure, la fissure qui balafre la reine-claude. Subsisterait-il un repaire d'ombre, une source sombre où calmer la fièvreuse latence ? Elle se rendort, rouée de chaleur.

HAUTURIÈRE

Elle sent la mer sans la voir. La rumeur rouge, lancinante, assaille la chambre ouverte sur le large ; une rumination d'embruns, d'ailes rauques, d'algues salées, échevelées. Brise-lames. La devine de soie ou d'huile, d'écume, d'ambre. Bonace. Embellie. La veut profonde, irrécusable. Chérit la perte et la tourmente. Dénombre les crêtes, les clapotis. Elle se meut au rythme des équinoxes. L'océan a fait main basse sur sa vie pétrie de terre.

Elle dort. Et le monde alentour tait sa trépidante vigueur. Le temps s'ordonne à loisir autour de la femme ramassée, corps joint, reclus, voilé. Toute une existence en sourdine, raccordée au flux, au reflux des marées. Elle dort et rejoint la nouvelle-née, l'amoureuse apaisée, l'accouchée, l'inquiète, la ralentie. Elle embrasse tous ses sommeils. Jusqu'à la mort.

CONFONDUE

Il lui suffit de fermer les yeux et la glycine l'envahit : un foisonnement mauve, translucide ; un parfum aussi, un peu âcre ; grelots dégoulinant ; cheveux emmêlés qu'un souffle jette en transe. Elle devient cette cascade aérienne, comme elle se métamorphose en vague soyeuse, à l'aube affalée sur le sable repu. Ou la pierre imprégnée de soleil, le bégonia luisant à la fenêtre, l'éclair rauque d'une mouette. Elle admet l'indispensable écart qui la fonde ; espère cependant visiter tout visage, s'identifier à cet univers qui bruit et resplendit sans témoin. La vie nue et pleine, offerte, si peu saisie. Elle n'en finit pas de dénoncer frontières et cloisons. Cherche obstinément la voie sous-entendue par où tout communique. Peut-être. Volets clos : la rumeur des fêtes enfle en elle, irrigue l'intime. Elle abolit son désir, sa hâte. S'accorde au vivant.

RÉMINISCENTE

Belle, très belle. Elle foule votre terre et déplace les collines. Elle danse, on lui emboîterait le pas. Des yeux l'escortent. On est rivé derrière la vitrine, au comptoir, sur la péniche, le tracteur. On la laisse passer. Elle draine des espérances renaissantes aussitôt qu'avortées. Son charme, la blessure.

ALERTÉE

Ne comprend pas les mots, le sens des phrases. Perçoit seulement la petite voix aride qui monte et proteste, réclame ses droits, derrière la porte. Rien que l'inflexion tenue, insistante. Elle lui prête un visage, l'habille, l'invente. Personne ne fait écho. La voix grimpe d'un ton, s'étire, blanche soudain. Se brise. Rien que le sourd bouillon du sang sur les marches de pierre. Quelqu'un pleure de l'autre côté du mur. Plus inaccessible que sur une berge adverse du monde.

JUCHÉE

Elle, surprise à la fenêtre haut perchée, à secouer interminablement le tapis. De la rue passante fusent bris et clameurs, roulements continus, fragments de musiques non identifiées. Vacarme laborieux. Elle, accoudée à l'appui, quêtant un visage sans doute, un repère. Silhouettes hâtives que l'altitude aplatit davantage, fantômes ambulants. Elle, reprenant son geste mécanique. Carpette agitée de plus en plus frénétiquement dans une débauche de vaine action. Comme un mouchoir. Sur le dernier quai.

CHAVIRÉE

Sanglote, prend eau de toutes parts. La marée monte qui l'emportera. Bascule sous le flux sans pitié des souvenirs plus précis qu'une lame de tueur. Des images dorées, d'autres à frémir. Fait front et vacille. S'arcqueboute. Très vieux piège. Mécanisme jamais rouillé. Le matin cependant s'ouvrait sans venin ; l'air semblait de sang neuf. Elle avait parié sur le soleil et voici qu'à midi. Le poids sur la nuque, les entrailles nouées. Raz-de-marée d'amertume. Le corps tremble et ne sait s'il tiendra. Iles et rocher.

L'enfance en elle s'attarde et saigne. La pulpeuse, la violente. Au vide du quotidien, l'écho de ce soleil tanné. Si les mots ne bourdonnaient sans cesse, ne s'écrivaient en elle, son corps s'infléchirait vers cette source. Lorsque la pluie pleut plus dense sur le jardin turbulent, il lui revient d'autres averses d'été. Elles surprenaient leurs jeux au large des pâtures, les précipitaient exultants et trempés, vers l'appentis, la grange suffocante, les vastes noyers. Ce bonheur alors, sans égal et sans cause. Pourquoi la pluie n'est-elle plus que de l'eau ? Fades nostalgies. Mais en ces jours d'aube gît un mystère : l'ennui d'être, la panique, la quête inquiète pointaient jadis, elle s'en souvient. D'où vient qu'ils n'inclinaient pas au désespoir ? L'enfance indivise hèle pardessus les années. Moins paradis perdu que terre promise, espère-t-elle.

PASSANTE

Elle a des ailes lorsqu'elle jaillit de l'onde, la belle des villes et des champs. Une démarche, une chevelure balayée d'un geste. Robe-feu, jeu des hanches balancées ; la sandalette sans ambages, les jambes, leur soie mouvante. Un rire, cerise à l'oreille, une cascade ; des bras arrondis autour des corps confiants. L'ardeur d'une aube fauchée à l'improviste. La mort intempestive qui fige dans l'ivoire la peau vive. Émacié, le plein des joues, des lèvres sans échos. Papillon épinglé. Ses enfants courent encore à travers les prairies.

Elle a perdu prise et plaisir. Laisse aller, partir. Tout la fuit. Elle va dériver tout le jour en porte-à-faux, hagarde et vaine. Un regard la percevra par hasard et se détournera : crainte d'une contagion. Un autre poursuivra, portera ; mais elle, étanche. Mal à la tête, au cœur, au ventre : où ne souffre-t-elle pas ? Ainsi vont-elles, vont-ils, par la ville, muets. Formes divagantes, sans âmes sœurs.

OMBRAGEUSE

Cœur rongé, miné par des riens, des connivences ténues, des sourires larvés. Rien. Un livre qui va de lui à elle, une allusion peut-être intime, des doigts attardés, une coïncidence. Fortuit douteux d'une rencontre. Le soupçon sèche sur pied. L'infâme douleur sans altitude, à savourer sournoisement dans le pourrissoir moite. Le jour à jamais morose. Souffrance qui masque sa source nauséabonde. Jalouse, elle ?

CAVALIÈRE

Se lève, balafrée. Tuméfiée des coups de la veille ; mots qui cinglent, phrases taraudantes. Minuscules couteaux sous les ongles. On m'a dit que tu. Trajet meurtrier des insinuations fielleuses. Ils mentent, elle sait ; mais flotte la fumée. Petit air de la médisance, dur assaut calomnieux. Même à distance, brisure en mille éclats. Prendre le chemin de traverse, éperonner la jument et franchir d'un bond les clôtures. Reviendrait vierge. Cela ou la périssoire.

Elle, dure et nouée. Maigre noyau séché, dont l'arête écorche la paume de bonne foi. Elle ne se fendra pas, la cruelle, la sans-cœur. La rebelle. Le caillou cogne et entaille, meurtrit. L'impitoyable. Casserait plutôt que de se laisser arrondir. Elle rebondit sur le mur mauvais. Blesse irrévocablement.

INQUIÈTE

Jamais en repos. Fil extrême entre hier et demain, le regret, l'appréhension. Dans l'anxiété de la faille, du désastre, du malheur toujours imminent qu'elle attise. Elle tourne son visage rétréci vers le ciel, interprète les nuages, les retards, les équivoques. Ferme la fenêtre sur l'été, la guêpe ou le frelon ; devance l'échec, le sinistre. Elle s'arrache les cheveux, se casse les ongles. Livide, elle redoute et se lamente en sourdine. Châtre ses proches. Elle retient ses enfants de vivre pour les empêcher de mourir.

TERRIFIÉE

Certaines nuits transies, elle meurt de peur. Littéralement. Entend résonner le grand finale dans les artères de l'âme. Marée d'angoisse. Donnerait sa vie pour tenir. Submergée, enlisée. Suffocante sous la masse. Se recroqueville, escompte que, si rien ne dépasse, elle échappera cette fois encore. Petite fille d'autrefois, jamais rassurée. A moins que des bras ne la bercent.

Désarmée par la première atteinte du jour, étourdie. Le jardin poursuit sa mélodie végétale sans se soucier d'elle. Les couleurs flambent à son insu, tissent leurs parfums aux vols migrateurs ; elle ne s'en mêle pas. Cherche l'interstice où se poser. Quelque part un piano s'allume, traverse le vide, la gagne. Instant d'innocence, de sonate nue dont les notes s'égouttent en paix, en pure perte. En grâce. Regain.

HÔTESSE

Ce qui rend douce la traversée des hommes, elle en connaît le détail. Les bouquets plantureux dans l'angle éteint d'une pièce. Relais de couleurs. Musiques familières. Elle réchauffe d'un lainage le métal d'une chaise et pose sur le bois la corbeille, fruits étagés. Sous les lampes rayonnent les livres en espérance. Elle désavoue l'ordre policé : entre l'arrondi d'une table et la fenêtre ouverte sur le dehors, elle crée l'espace où respirera un vaisselier. Elle habite sa vie. Quand le monde hurle aux loups, elle vient y reprendre haleine, hèle d'autres meurtris. Elle a fait alliance avec les choses obscures, reconnaissantes. On ne lui ravira pas cet accord.

Elle s'en va parfois. Loin des autres, tous. Se donne congé, se livre à elle-même au ventre d'une maison très étrangère, le long d'une berge, au feuillu des forêts. Se retire pour éprouver si la vie la traverse encore. Faut-il émonder, greffer, tailler ? Table rase. Autour d'elle, murmure, soupçons. Elle n'en prend pas ombrage. Qui éclairerait-elle si elle n'y voyait plus ? Elle glisse en ses limbes. Elle remontera un fil ténu ou de bruissantes étoiles.

NYCTALOPE

Elle investit la nuit par ondes enthousiastes ; caillou du plaisir. Tous dorment, elle divague à travers pièces et jardin, s'affole au clair de lune, trébuche sous les étoiles, épaule les nuages plombés. Elle allume une lampe et s'établit sous la tente de lumière. Sur fond de portes claquées, amours de chats, roulements de camions, pétarades de mobylettes, elle trace ses mots ou déchiffre le sillage d'autrui. La peur et l'ennui ignorent ces havres. Silence peuplé. Puis le flux du sommeil revient la soulever ; elle refera forces et images au giron du rêve.

DÉPENSIÈRE

Souvent elle gagne du temps pour mieux en perdre. L'engrange et le prodigue à flâner, lire-écrire, rencontrer éperdument. Quignons grignotés, subtilisés à la vie dite vraie. Elle marquerait des points contre le temps saccageur, la course au tombeau. Parfois elle tourne en rond, comme les mouches bombinent autour des déchets. Saoule anxiété dans le cachot du corps. Que veut-elle alors ? Obscure, elle se déchire aux tessons, aux grilles ; s'abîme dans les marécages. Humeurs ou fatalité. Elle n'explore pas les labyrinthes, stagne sous le porche, irritable, désœuvrée. Plénitude ou accablement, c'est selon.

LISEUSE

Elle fréquente les chants des poètes, sa demeure essentielle. Se laisse envahir par ces mots issus d'ailleurs. Multipliée. Comme l'étreinte du soleil, la palpitation aiguë de la mer. Vie dans la vie. Osmose. Une plénitude sans vergogne, sans confins. Détachées de toute entrave, les images resplendissent à leur juste place, les sons se hèlent et rebondissent. Une musique de naissance, d'origine, retrouvée en larmes et en joie. Feux de fêtes brandis aux carrefours. Souterraine alchimie.

FASCINÉE

Elle lit les mots des autres ; se gorge de leur soleil ; fléchit la nuque sous leur ondée. Flâne longuement à la souce des enchantements ; y mènera d'autres assoiffées. Rendue. Ravie. Mais se prend à douter de ses propres pouvoirs. Déposerait pour un peu sa vigueur au chevet des pierres. Qu'irait-elle ajouter au concert des voix accomplies ? Se frotte au soupçon, s'immobilise. D'où vient cette parole qui soulève la dalle écrasante des admirations, suscite et reconduit à son texte ? Elle s'ébroue sous le souffle et trace ses signes modiques. Irrépressibles.

DISEUSE

Elle conte, raconte. Le galet, l'iris jaune, le profil perdu. Elle exhume une parcelle d'infini, un effroi aux oubliettes. Elle pare la mort, dénonce l'intrigue, hâte l'aurore. Elle transmute le saladier de faïence fleurie et le vagissement hagard du nouveau-né. Elle dit et le bouquet flambe, le visage avoue, l'âme s'enhardit. A la parole elle confie le surcroît de vie qui la presse et l'étoufferait. Elle détient le secret des merveilles latentes. Les ravive d'un verbe débridé.

Silence sur l'oubli ; à l'affût de la fêlure. L'ébranlement. Une pluie sur la mer réveillerait le jardin roui de soleil. Le coquelicot contre la chaux aveuglante d'un muret excitera le sauvage bleuissement des jacinthes dans le bois d'enfance. Un plissement tendre des yeux épelle l'ombre du père. Un instant. Fugace connivence. Comme des copeaux épars invoquent la forêt. D'un simple attelage de syllabes, d'une cascade de voyelles, jouent les harmoniques. Écart, grand écart entre l'objet et le poème. Moins reflet que recréation. Une sorcellerie.

GLANEUSE

Avec ses mots serrés, écrasés, juteux entre les doigts, ses mots de chaud et doux pour nuits d'épouvante, de dure délirance ; avec, au fond des poches, ses ariettes allègres, ses graves récitatifs, elle avance dans la forêt des hommes. Elle a pris aux mésanges plumes et chants ; aux sentiers leur creux moussu ; à la mer son ressac. Elle n'a ni armure ni besace. Elle confie sa disette aux baies des buissons. Va-nu-pied, tzigane, lys des champs. Orphée va, la flûte à la main.

FRUITÉE

Elle aime fabriquer des confitures. Bonheur de la cueillette : fraises dodues, grappes de groseilles rouges ou blanches, cassis, prunes grasses, velours des abricots fessus. Les mains lavent et relavent, jouent dans l'eau piquée de feuilles et d'insectes. Elle s'attarde : membranes d'oranges, noyaux rebelles, rubans de peaux de pommes ; des grains roulent sur le sol, s'écrasent, tachent. Les lentes cuissons irriguent la cuisine, s'élancent vers les chambres. Dans la gloire des fins d'après-midi, le jus translucide versé voluptueusement dans les pots récurés. Elle engrange ce trésor bariolé. Aux jours d'hiver, de noir être, de déréliction, elle ouvrira l'armoire, mendiera réconfort. Un trou sur l'étagère dénoncera le don.

Submergée, débordée sur tous les fronts, réduite. Le corps est grand ; il outrepasse le sien. Et cependant il tient en elle, s'enracine au très creux d'elle. Elle sait ce qu'elle trame à laisser s'enfoncer en elle le nomade, à l'arrimer solidement. La sorcière des sources ; la preneuse, la donneuse. Elle ancre le courant, elle assure l'héritage, elle joue le jeu en chaîne. S'incorpore. Elle élèvera, pour la mort et pour la vie, les petits qui surgiront de ce corps ivre dans le sien.

Elle oscille. Corps incertain. Trouble adolescence en dérive giboyeuse ; assaillie de doutes, du soupçon même d'exister vraiment hors du regard de sa mère. Remous, fureurs. A peine issue de l'enfance, jetée en pâture aux loups, aux chiens. Sa moue de gosse désappointée, ses hanches arrogantes de femme. Les mains poisseuses de bonbons, une rouerie dans l'œil maquillé. Beauté du diable qu'elle expulse d'une pirouette pour courir à l'école buissonnière.

PANIQUE

Elle crie son corps de partout. Présent, urgent ; il exige sous le tissu encombrant. Se tend, se hérisse et se creuse. Brûle. Chaque parcelle douloureuse à force de réclamer son dû. Je voudrais que tu viennes. Implore : aime-moi. Dans l'indifférence, l'absence, le défaut.

C'est une femme de soie sauvage. Poreuse sous les mains savamment tendres. Une femme de collines et de combes, de feuillages, de mousses. Une ligne sineuse en volutes et voluptés. Sucs et salives, écartèlement vertigineux. Elle, disloquée, réunie. Une femme très loin, à héler, harponner. Très proche à pétrir, goûter, savourer. Une femme d'espace amoureux saturé de miel et d'ombres intimes, de fière approchée, de tressaillement secret. Rauque et luisante dans la rumeur du plaisir imminent. Tambour de la jubilation.

E X A S P É R É E

Elle exècre son ombre, son haleine, sa voix. Ne supporte plus son odeur ni le bruit de sa vie. Elle arrache d'elle les mille liens désavoués, détache les débris tenaces, agglutinés. Se veut seule, libre et nue. Ne plus tenir à personne. N'appartenir à rien. Monolithe. Renie la rencontre, dénie l'apprivoise et l'enivre. Seule. Tu es seule. Stérile. Je me hais autant que je te hais.

Le dernier-né a vagi. Déjà. Encore. Elle ne débarrassera pas la table avant d'ouvrir son corsage. Vertige. Une heure à soi : courir dans le bois, au bord du fleuve, une plage. Qui suis-je ? Devant elle, cette photo de l'homme rieur et d'elle confondus, sur une place, nom effacé. La tête du nourrisson ivre a roulé entre les seins ; de la paume, elle épouse le crâne abandonné, son duvet à peine perceptible ; l'enfant a du lait jusqu'au bout du nez. Qui es-tu ?

Elle debout entre table et berceau. Les aînés envolés vers l'école ; lui, au bureau, à l'usine, sur un chantier du monde. Éparpillement brutal. Vaste désordre. Ses chaussures l'écorchent : elle se met pieds nus. Bouche nue aussi. Et le cœur ? Laisse le cœur. Au-dehors, ailleurs, à côté, très loin, des femmes identiques attendent. Désirent que quelque chose les remette en marche, en voie. Est-ce qu'à cette heure quelqu'un fait l'amour au nid d'une chambre forte ? Elle va à la fenêtre, se penche sur la rue, décape façades et visages. Des méfiances, des verrous, des vernis. Il n'apparaîtra donc personne ?

MASQUÉE

Des jours et des jours dans les bras, les branches, sur les bancs, les genoux. Des années au bord d'un jardin, son secret, ses sauvageries. Avide ardeur. Et puis, l'enfance accrochée au vestiaire, une femme se tient devant une fenêtre et voit tomber la neige, avec la certitude d'une vie égarée, le soupçon d'une perte irréparable. Elle n'osera plus regarder son petit dans les yeux : il saurait trop tôt. Elle va rire aux éclats, détourner le visage, flatter des doigts la nuque tendre. L'enfant pourra poursuivre les mouettes dans un jaillissement d'écume. Jouer.

OBSÉDÉE

Presqu'à son insu, elle l'a laissé s'emparer des lieux. Chacune de ses pensées, aimantée. Les autres visages ont reculé ; s'effacent. Zone de discrétion autour d'elle, de réprobation convenue. On ne pourrait dire. Elle prononce son nom, le ressasse, le pose sur chaque instant de son absence. Son existence à elle s'amenuise, s'exténue ; peau de chagrin. Il occupe tout l'espace d'éveil et de sommeil, son misérable dieu.

Sillonne la ville, sourde aux appels des voitures, des néons, des visages. Au mépris des feux, des passages cloutés, elle délire, tangue et dérive. Le cœur à la roue. Verbe tourmenteur. Fracas incessant des mots assassins – Je ne t'aime plus. Aimer, ne plus aimer. A chaque tournant le couperet suspendu, asséné. Voudrait nier, se nier, disparaître. Ne plus sentir, souffrir. Être pierre sous la poussière du temps, larme dans le fleuve. Quelle compassion volera à son secours ?

REFUSÉE

Demeure sur le seuil, recroquevillée sous le poids de l'inutile tendresse : des enfants s'en éloignent, un homme regarde ailleurs et se détourne. Distraits, les amis. Abonnés absents. Petite fille sans allumettes, à errer dans la ténèbre. Rejetée. Renvoyée aux cuisines, à la rue, aux oubliettes. Sans voix, sans révolte. Pour qui cet or invisible, au centre de l'œil, du ventre, du lisse des paumes ? Riches mendiantes. Femmes croisées au hagard des fêtes – ce qu'on nomme fêtes –, à l'aigre des solitudes. Tant d'amour dilapidé.

La fatigue est sur elle comme une sourde poussière. Elle a le gris au corps, le cœur défait plus encore que le visage, les genoux qui cognent. Fourbue. Élimée. A force d'être bue jusqu'à la lie. Émiettée au long des heures. Rompue. Sous la façade du vêtement, personne. Évanouie. Le bout du jour ne viendra donc jamais. Sombrer dans le ventre du noir, ne plus lever le petit doigt ni courir, nourrir, laver, compter, satisfaire l'insatiable. En finir avec cette lassitude rouée de peine.

La mort la travaille ce matin. La vide, la ténébreuse, la violeuse. Elle ne lui opposera aucune résistance. Laisse s'accomplir en elle la vilaine besogne. Que tout se délite et se rompe ; peu lui importe. S'abandonne au sombre enfantement. Se corrompt, noires délices. Aveugle, elle va, le cœur gourd ; se heurte aux murs rétrécis, aux corps des autres, aux objets hostiles, indifférents. N'a plus de mains pour toucher. Vienne la fin qu'aucune faim ne contrarie. Dors ! Elle seule se tourmente ; ils reposent tous sur l'oreiller du juste ; si la mort la prenait dans leur sommeil, qui se retournerait ? Aimer, c'est quoi ? Livrée, qui me délivrera ? Sur la place de la nuit quelqu'un appelle : elle cherche la force d'ouvrir la fenêtre sur le cri reconnu.

Elle sait, dit-elle. Bouche sur la bouche revenue, peaux rivées, doigts comme de nomades enchanteurs ; corps enté, pénétré. Salut bel oubli, notre délivrance ! Que pourrait la faucheuse ? Se briserait les dents sur le noyau indissoluble. Mais l'étreinte se dénoue, les êtres vont à leur singulier ; sévit la tendre guerre, la cruelle. Détissera le drap de noces pour tramer un linceul. Tout rentre dans le jeu. A travers le vaste amour toujours trop étroit, la mort vient à pas comptés. Elle l'entend, murmure-t-elle.

ESSEULÉE

Le visage brille dans l'embrasure noire. Nappe de cheveux qu'un mouvement brutal rejette vers l'arrière ; la ténèbre l'absorbe. Une main brasse le vide, l'autre prend appui. Un piano vocalise pour personne. Boire à même cette bouche comme on embrasserait la vie sur les lèvres. Musique essorée dans la nuit des combles. Aussi lointaine que l'enfance traversière en bottines et brins de judas, à pousser le palet sur le paradis. Effacées depuis longtemps les marelles à la craie. Qui se souvient d'elle ?

SAUVEGARDÉE

De l'aube elle garde un air de royauté. Si démunie soit-elle, elle porte trace d'anciennes richesses. Comme une cape l'immuniserait du mal, du gel. On l'aperçoit égarée dans une rue, une gare, un bureau ; on la voit pareille à toutes les femmes. Une fine poussière recouvre déjà son visage qui fut vif, brillant et malicieux ; un retard dans les gestes, la démarche, l'achemine, loin du fracas et de la fureur, vers la blessure toujours fraîche des tombes. De l'enfance elle détient un talisman.

CRÉDIT PHOTOGRAPHIQUE

Pour le hors-texte :
Page 1 : © Georges Dussaud/Rapho. Portugal, 1993.
Page 2 : © Édouard Boubat/Agence Top. Famille hindoue, 1962.
Page 3 : © Keystone. Sur les toits de Paris.
Page 4 : © Jean Dieuzaide/Rapho. Viera de Leria (Portugal).
Page 5 : © Damienne Flipo.
Page 6 : © Herman Bertiau.
Page 7 : © Édouard Boubat/Agence Top. Inde, Madras, 1971.
Page 8 : © F. Le Diascorn/Rapho. Portugal, Nazaré, 1979.

SINGULIÈRES ET PLURIELLES

« Littérature ouverte »

Georges BAGUET
Le miroir allemand

BAPTISTE-MARREY
L'Évangile selon Tommaso

Roger BICHELBERGER
Le petit livre de la faiblesse

Christian BIRGIN
L'Ange, le sage et le rieur
La chair et la lumière

Jean-Claude BOURLÈS
Pèlerin sans Église

Jean-François BOUTHORS
Jonas l'entêté

Sylvie DOIZELET
Inquiétude

Sylvie GERMAIN
Les échos du silence
Mourir un peu

Martine LAFFON
Le Surplus du monde

Florence MAURO
Viens

Colette NYS-MAZURE
Célébration du quotidien
Contes d'espérance
Battements d'elles
Secrète présence
Singulières et plurielles

Catherine PAYSAN
La prière parallèle

Corinne PELLUCHON
La flamme ivre

Gabriel RINGLET
Un peu de mort sur le visage

Claude-Henri ROCQUET
Les cahiers du déluge

Marie ROUANET
Douze petits mois

Brigitte DE SAINT MARTIN
Si je t'oublie, Constantin...

Alain VIRCONDELET
La maison devant le monde

Achevé d'imprimer le 17 octobre 2002
dans les ateliers de Normandie Roto Impression s.a.s.
61250 Lonrai
pour le compte des Éditions Desclée de Brouwer
N° d'impression : 02-2505
Dépôt légal : octobre 2002

Imprimé en France

